Die Originalausgabe erschien unter dem Titel „Two Hundred and Fifty Things an Architect Should Know“ bei Princeton Architectural Press, Hudson, New York 2021.

Buchdesign: Benjamin English
Druck & Bindung: Pustet, Regensburg
ISBN 978-3-95614-488-2

Boston Symphony Hall (Ausschnitt). C. F. McKim, R. G. Wilson, S. White und W. R. Mead: *The Architecture of McKim, Mead & White. Selected Works 1879–1915.* Princeton Architectural Press, New York 2018, Bildtafel 141.

Biodiversität (Ausschnitt). Quelle: New York Public Library Picture Collection.

„Eine flüchtige Abzeichnung von einer frischen Aprikose". Martin Frobenius Ledermüller: *Der Mikroskopischen Gemüths- und Augen-Ergötzung Drittes Fünfzig.* Winterschmidt, Nürnberg 1768. Tafel XXX. Mit freundlicher Genehmigung der Biodiversity Heritage Library.

Die Kreuzung Broadway, Fifth Avenue und 23rd Street, Blick vom obersten Stockwerk des Flatiron Building nach Norden. Quelle: Irma and Paul Milstein Division of United States History, Local History and Genealogy, New York Public Library.

Kaktus in Arizona. Foto: © Kozo Miyoshi. Mit freundlicher Genehmigung von PGI.

Männer beim Rhönradturnen, 1929. Quelle: Getty Images.

Straw Bale School. Weiterführende Schule in Strohballenbauweise, Malawi (Ausschnitt). Mit freundlicher Genehmigung von Nudes Architecture/Nuru Karim.

Eine Querschnittsansicht der New York Public Library (Ausschnitt). Quelle: Picture Collection, Miriam and Ira D. Wallach Division of Art, Prints and Photographs, Digital Collections, New York Public Library.

Papiernautilus. *South Australian Naturalist,* 30. November 1940, Cover.

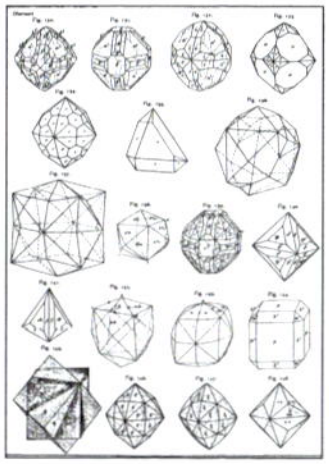

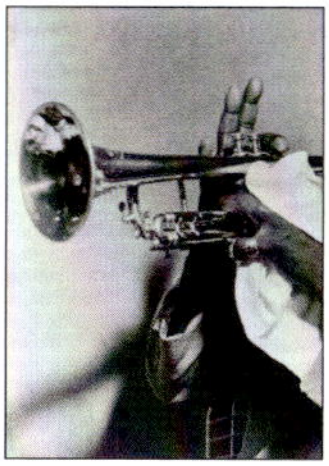

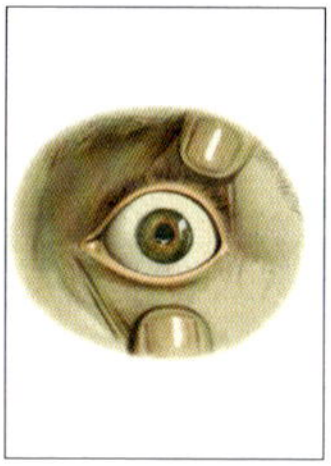

Diamant (Ausschnitt). Victor Goldschmidt: *Atlas der Krystallformen,* Bd. 3. Carl Winter's Universitätsbuchhandlung, Heidelberg 1913, S. 33.

Modell eines Wohnhauses mit kleinen Wohnungen, Dessau, 1924. Walter Gropius (Hrsg.): *Internationale Architektur,* Bauhausbücher 1. Langen, München 1925, S. 90. Mit freundlicher Genehmigung der Universität Heidelberg.

Zimmerpflanzen. Quelle unbekannt.

Fünf-Cent-Postkarte. „Tonkin – Baie d'Along, Parages des Merveilles", Sampan, Indochina, 1913.

Louis Armstrong, 1957. Foto: Zeitungsfotograf des *New York World-Telegram* (Ausschnitt). Quelle: Library of Congress.

Sonne durchbricht Wolken. Ägyptische Tarotkarte, 1875–1899. Quelle: Gallica/Bibliothèque nationale de France.

Hochbahnkurve an der 110th Street, New York, 1919. Quelle: Picture Collection, Miriam and Ira D. Wallach Division of Art, Prints and Photographs, Digital Collections, New York Public Library.

Windige Stadt, Fotograf unbekannt. Quelle: New York Public Library Picture Collection.

Augenuntersuchung. A. Maitland Ramsay: *Eye Injuries and Their Treatment.* Macmillan, New York 1907.

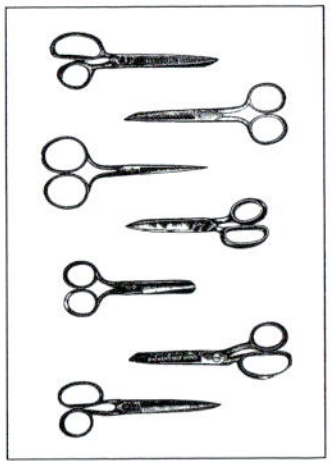
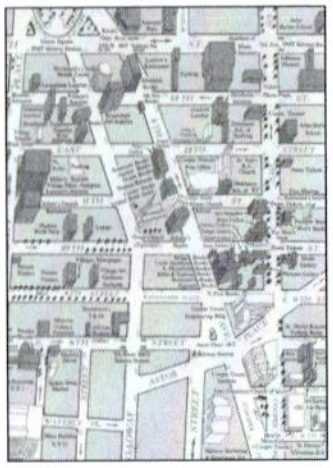
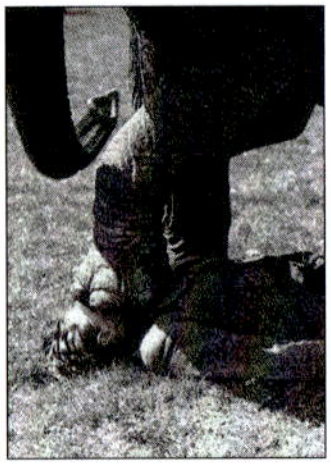

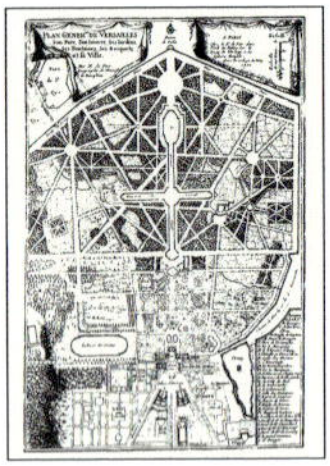

Abgestempelte Briefmarken, Deutschland, 1972.

Stadtplan von Greenwich Village, New York City (Ausschnitt). Quelle: Digital Collections, New York Public Library.

Übersichtsplan von Versailles, 1700, Nicolas de Fer. Quelle: Gallica/Bibliothèque nationale de France.

Eine Kiefer mit einem Durchmesser von knapp 5,2 Metern nahe McMurray, Washington, 1908. Foto: Darius Kinsey. Mit freundlicher Genehmigung des Getty's Open Content Program.

Ein Elefant setzt den Fuß auf das Gesicht des Dresseurs Karl Fischer, Maidstone Zoo, 1938. Foto: Reg Speller (Ausschnitt). Quelle: Fox Photos/Getty Images.

Reliefkarte von Afrika (Ausschnitt). Alex Everett Frye: *Frye's Primary Geography.* Ginn, Boston 1894, S. 362.

Chirurgische Scheren, Illustrator unbekannt. Quelle: New York Public Library Picture Collection.

Holzdaubenrohrleitung. George L. Shuman & Co: *Our Wonder World. A Library of Knowledge in Ten Volumes, Bd. 4.* George L. Shuman, Chicago und Boston 1923, S. 362.

„Als badeten Segensstrahlen die Menschenschar in einer Kathedrale in Licht", Zeitungsausschnitt. Foto: Ewing Galloway. Quelle: Irma and Paul Milstein Division of United States History, Local History and Genealogy, New York Public Library.

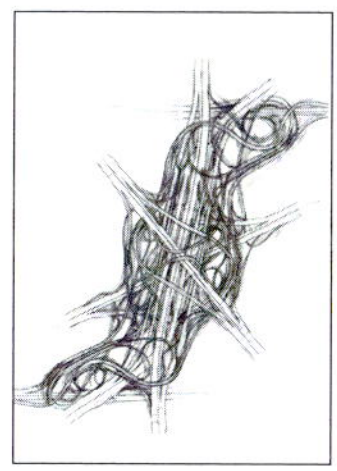

Barcelona, die Ramblas, Zigarettenbild. Quelle: George Arents Collection, New York Public Library.

Foto aus einem Vorort, Fotograf unbekannt. Quelle: New York Public Library Picture Collection.

Torpedo-Fahrrad, Frankreich, 1913. Quelle: Gallica/Bibliothèque nationale de France.

Die zweite, landesweit im Fernsehen übertragene Sprengung eines Wohnblocks in der Pruitt-Igoe-Siedlung, April 1972.

Luftaufnahme einer Vorortsiedlung nahe Markham, Ontario, November 2005. Foto: Ian Duke.

Garnrollen. Foto: H. E. Olson (Ausschnitt). *MIT Technology Review,* Juni 1938, Cover.

Die teilweise freigelegte Große Sphinx von Gizeh mit zwei Pyramiden im Hintergrund, 1878 (Ausschnitt). Quelle: Library of Congress.

Ein großer, von einem Mann gehaltener Eisblock, 1942. Foto: Nina Leen. Life Picture Collection/Getty Images.

Zwölfarmiger Autobahnknotenpunkt. Zeichnung: Steven Alps (Ausschnitt). Quelle: www.alpsroads.net

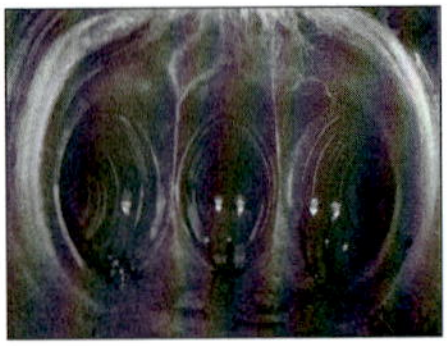

Druckstollen in Yonkers. Vertrag 54. 21. November 1913. Quelle: General Collection, Science, Industry and Business Library, Digital Collections, New York Public Library.

Arbeiter auf einer Leiter stutzen eine große grüne Wand, 1962. Quelle: Bettman Collection/ Getty Images.

Römisches Kolosseum, Fotograf und Aufnahmedatum unbekannt (Ausschnitt). Quelle: New York Public Library Picture Collection.

Ein Baum in der 14th Street, Zeitungsausschnitt. Quelle: Irma and Paul Milstein Division of United States History, Local History and Genealogy, New York Public Library.

Standfoto, Quelle unbekannt.

Tacoma Narrows Bridge, die als Teil der Washington State Route 16 die Meerenge von Tacoma überspannte. Vertikal- und Torsionsbewegung vor dem Einsturz, Blick vom Ostturm am 7. November 1940. Standbild aus einem 16mm-Film von Prof. F. B. Farquharson, University of Washington. Quelle: Library of Congress.

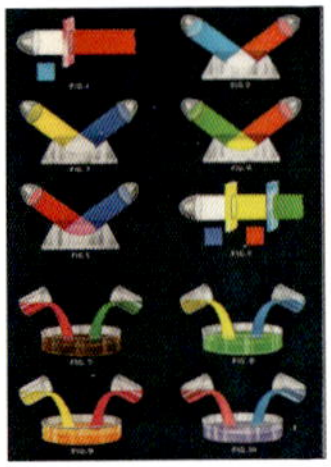

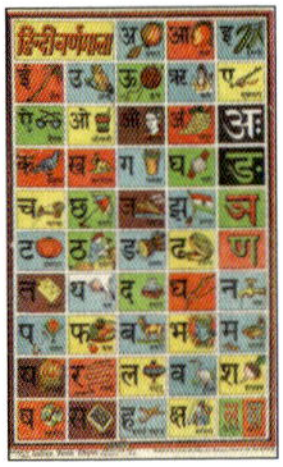

Das Mischen von Farben. Guy Stanton Ford: *Compton's Pictured Encyclopedia and Fact-Index,* Bd. 3. F. E. Compton, Chicago 1922, S. 454.

Hindi-Alphabet. Erschienen bei Indian Book Depot, Neu-Delhi.

Brisesoleil, El Modulón, Gemeindezentrum, Mexiko-Stadt. Luis Vicente Flores, 1998.

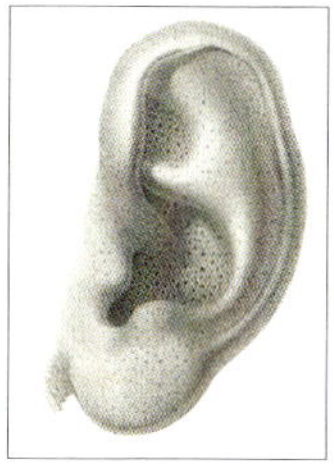

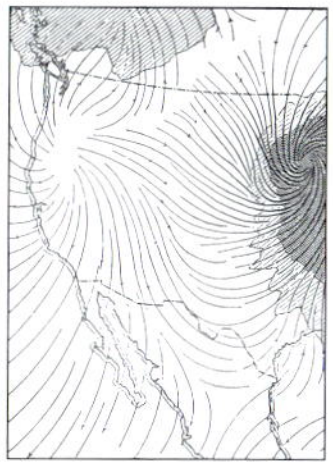

Traditionelles italienisches Marmorpapier (Ausschnitt). Quelle: New York Public Library Picture Collection.

Azalea pontica (Ausschnitt). Quelle: Rare Book Division, Digital Collections, New York Public Library.

Druckerpresse, Quelle unbekannt.

Zeitungsjungen klettern eine schmiedeeiserne Gittertür empor, Havanna, 1933. Foto: Walker Evans. © Walker Evans Archive, The Metropolitan Museum of Art.

Benson & Rixon Building, 1938. Foto: Hedrich Blessings Photographers. Quelle: Irma and Paul Milstein Division of United States History, Local History and Genealogy, New York Public Library.

Hammurapi (Ausschnitt). Quelle: Print Collection, Miriam and Ira D. Wallach Division of Art, Prints and Photographs, Digital Collections, New York Public Library.

Menschliches Ohr. *Tabulae Anatomicae*. Macmillan, New York 1839, S. 212.

Ziegelsteinvermauerung beim Bau eines Kanalschachts in einem Migrantenlager in Sinton, Texas, 1939. Foto: Lee Russell. Quelle: Photography Collection, Miriam and Ira D. Wallach Division of Art, Prints and Photographs, Digital Collections, New York Public Library.

Ein Sturmwirbel zieht ostwärts über die Vereinigten Staaten, 1888 (Ausschnitt). Alex Frye: *The Child and Nature. Or, Geography Teaching with Sand Modelling*. Ginn, Boston 1888, S. 172.

Michael Sorkin (1948–2020) war eine einzigartige Persönlichkeit auf dem Gebiet der Architektur. Seine luziden, leidenschaftlichen Diagnosen der positiven und negativen Aspekte von Städten begeisterten Fachleute und die breite Öffentlichkeit gleichermaßen. Furchtlos, scharfzüngig und nie ohne Witz prangerte er eigennützige Machtstrukturen an und wetterte gegen stümperhafte Entwürfe. Seine enorme Kritikfähigkeit ging einher mit einem ebenso großen architektonischen Sachverstand, was in zahllosen Zeichnungen, Lageplänen und Modellen positiver, ungemein fantasievoller Alternativen zur gängigen Architektur seinen Niederschlag fand. Mit seinem frühzeitigen Tod hinterließ uns Michael Sorkin ein umfangreiches Archiv äußerst wirkmächtiger Worte und Entwürfe. Den energiegeladenen, lustigen, großzügigen und freundlichen Menschen dahinter werden wir sehr vermissen. Er war ein brillanter Universalgelehrter und unbeirrbarer Verfechter eines gerechten, nachhaltigen urbanen Lebens.

249. Ebbe

250. Den Goldenen Schnitt
und andere Proportionen

248. Die Gipfel der Torheit

TAB : XXX.

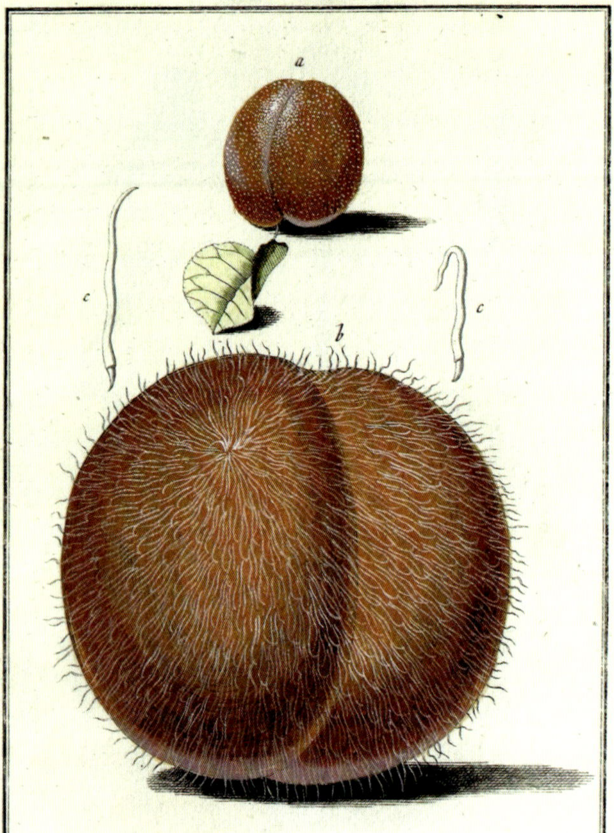

A. W. Winterschmidt, sculps. excud.

247. Die Abgründe der Begierde

243. Die Maße sowie die richtige Ausrichtung von Sportplätzen

244. Die Sanierungsfähigkeit von Feuchtgebieten

245. Die Fähigkeit von Feuchtgebieten, Sturmfluten abzuschwächen

246. Wie man einen wirklich eleganten Schnitt zieht

242. Die eigenen Nachbarn

236. Die Genialität eines Michel de Klerk

237. Eines Alvar Aalto

238. Einer Lina Bo Bardi

239. Die nichtpharmakologischen Komponenten eines guten Clubs

240. Den Mesa-Verde-Nationalpark

241. Chichén Itzá

235. Freud

234. Rachel Carson

73. Milium
74. Agrostis
75. Aira
77. Poa
78. Briza
79. Uniola
82. Festuca
83. Bromus

226. Betonoberflächen

227. Mauerwerksverbände

228. *Zur Wohnungsfrage* von Friedrich Engels

229. Den irisierenden Zauber griechischer Inselortschaften

230. Das Energiepotenzial des Windes

231. Das Kühlpotenzial des Windes, auch im Hinblick auf die Nutzung von Schornsteinen und den Kamineffekt

232. Paestum

233. Die Strohballenbauweise

222. Den Durchmesser der Erde

223. Wie viel Liter Wasser bei einem Duschgang verbraucht werden

224. Die Entfernung, auf die Gesichter zu erkennen sind

225. Wie und wann man Beamte bestechen sollte (natürlich zum Wohl der Allgemeinheit)

216. Die Möglichkeiten der Grundwasseranreicherung durch Mulden-Rigolen-Systeme

217. Den Tiefgang von Fähren

218. Sicherheitsregeln und Umgangsformen für Radfahrer

219. Den Unterschied zwischen Gabionen und losen Steinschüttungen

220. Die Akustik der Boston Symphony Hall

221. Wie man das Fenster öffnet

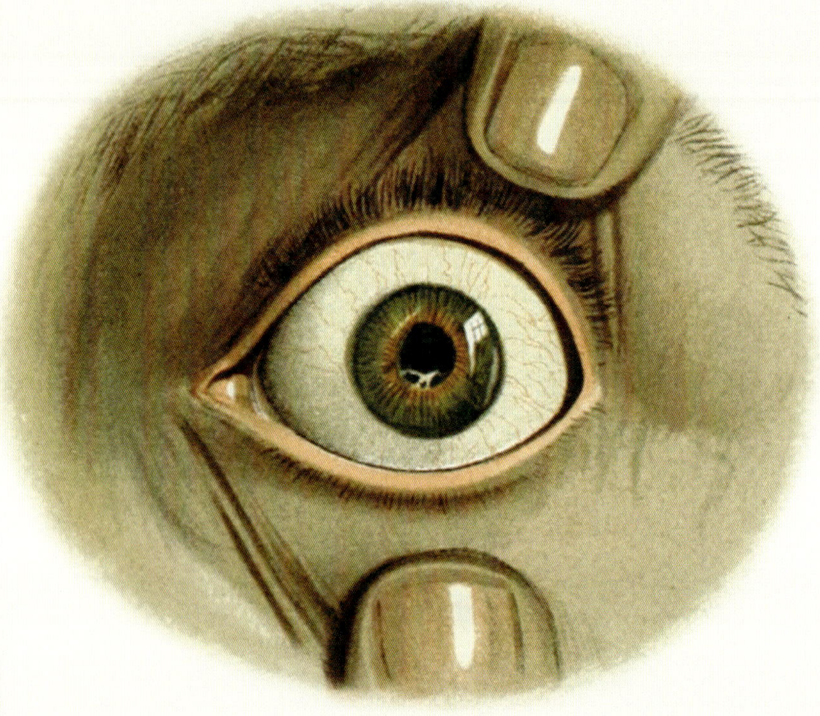

215. Wie nah zu nah ist

208. **Wo Norden (oder Süden) ist**

209. **Wie man höflich und wirkungsvoll Anweisungen gibt**

210. **Stadtluft macht frei**

211. **Unter dem Pflaster liegt der Strand**

212. **Unter dem Strand liegt das Pflaster**

213. **Die Keimtheorie der Krankheiten**

214. **Wie wichtig Vitamin D ist**

1.
ETTEILLA.
QUESTIONNANT.
1.

204. Die akustischen Eigenschaften von Bäumen und Büschen

205. Wie ein Haus vor Überschwemmungen geschützt wird

206. Die Verbindung zwischen den Suprematisten und Zaha Hadid

207. Die Verbindung zwischen Oscar Niemeyer und Zaha Hadid

203. Woher der Wind weht

DONT
WALK
WALK IN
Register

202. Wie man ein Musikinstrument spielt

201. Gute Modellbautechniken in Holz und Pappe

Elevated R. R. Curve at 110th Street, New York.

197. Wer bereits als Architekt:in praktiziert. (Dies allen, die es ebenfalls wollen, zu ermöglichen, ist eine Pflicht.)

198. Weshalb man selbst glaubt, dass Architektur Gutes bewirkt

199. Den Abschreibungskreislauf

200. Was rostet

191. Die Halong-Bucht

192. Was in Medellín erreicht wurde

193. In Rio de Janeiro

194. In Kalkutta

195. In Curitiba

196. In Mumbai

285. A. TONKIN — Baie d'Along
Parages des Merveilles

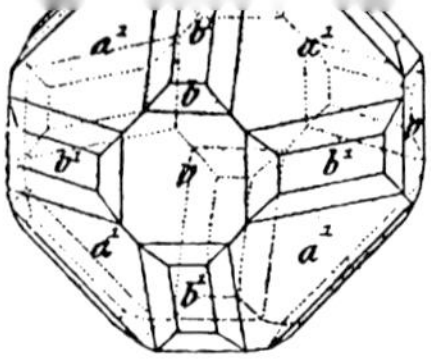

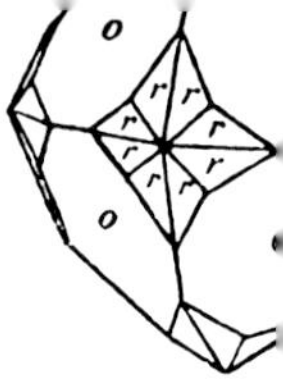

Fig. 134.

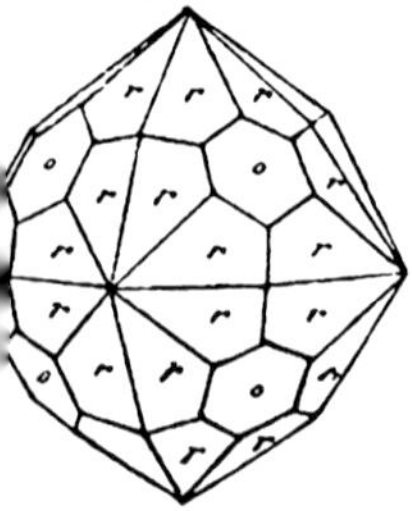

Fig. 135.

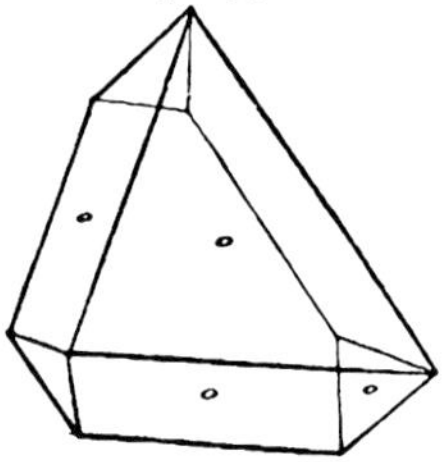

Fig. 136.

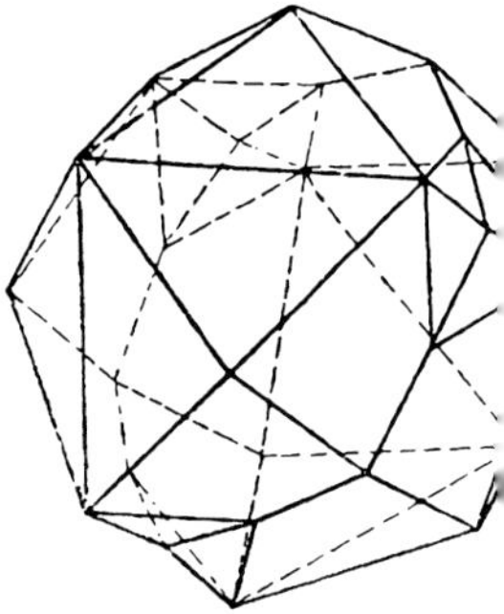

Fig. 137.

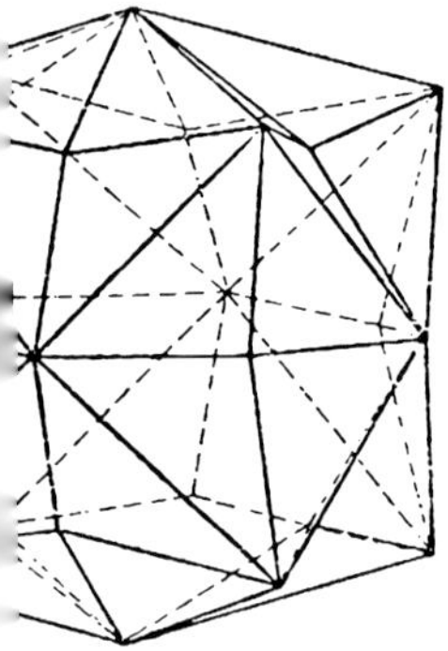

Fig. 138.

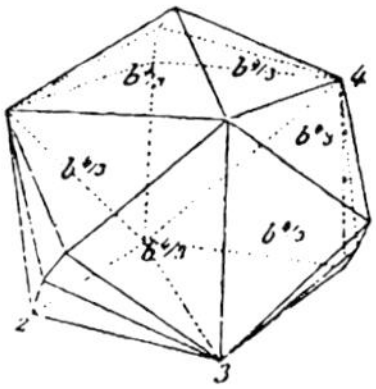

Fig. 139.

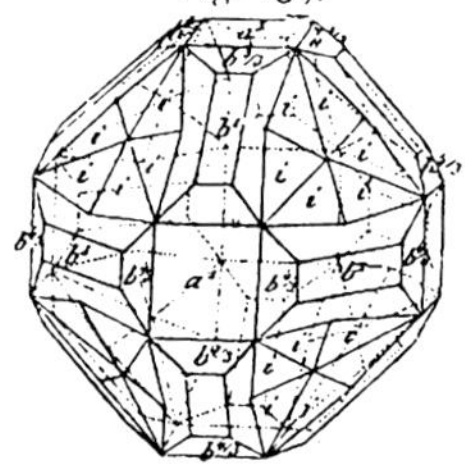

Fig.

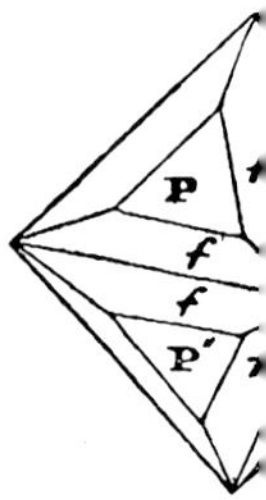

ig. 141.

Fig. 142.

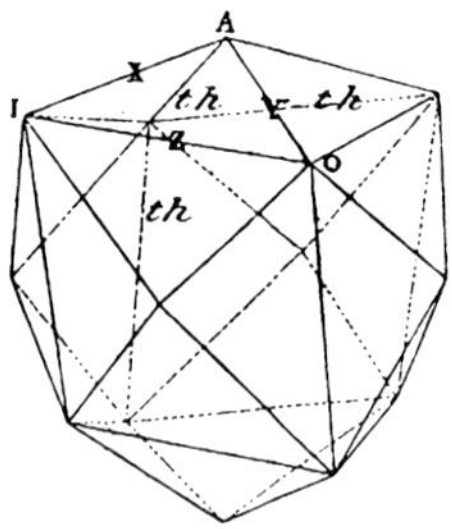

Fig. 143.

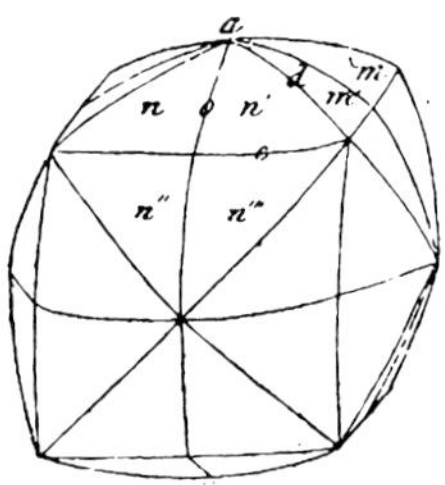

Fig. 144

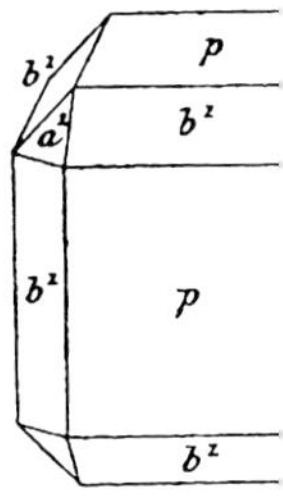

Fig. 145.

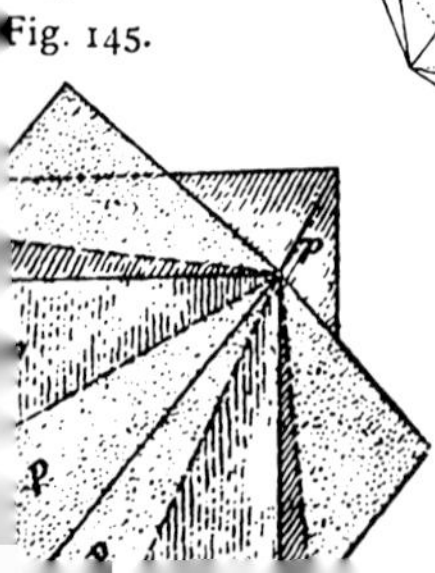

Fig. 146.

Fig. 147.

Fig. 148

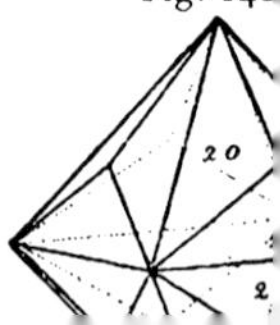

189. Raumgeometrie

190. Werkstofffestigkeit (sei es auch nur intuitiv)

182. Methoden der Genealogie und Taxonomie

183. Betty Friedan

184. Guy Debord

185. Ant Farm

186. Archigram

187. Den Club Med

188. Das Dämmerlicht in Dharamsala

181. Wie der Morgen nach einer durchzechten Nacht anbricht

173. Die sieben Weltwunder der Antike

174. Wo es sich in Brooklyn gut essen lässt

175. Die Hälfte dessen, was ein Londoner Taxifahrer weiß

176. Den Nolli-Plan

177. Den Cerdà-Plan

178. Den Haussmann-Plan

179. Die Böschungsstabilitätsanalyse

180. Dunkelkammertechnik und Photoshop

165. Die Wassergesetze in den Anden

166. Kappadokien mit eigenen Augen

167. Die Bedeutung des Amazonas

168. Wie man undichte Stellen flickt

169. Was einen glücklich macht

170. Die Elemente einer angenehmen Schlafumgebung

171. Den Blick von der Akropolis

172. Den Weg nach Santa Fe

161. Geodäten

162. Geodäsie

163. Geomorphologie

164. Geografie

155. Konstruktivismus in- und auswendig

156. Sinan

157. Hüttensiedlungen, durch Besuche und Gespräche mit ihren Bewohnerinnen und Bewohnern

158. Die Geschichte und Techniken architektonischer Darstellung in verschiedenen Kulturkreisen

159. Eine Reihe anderer künstlerischer Formen

160. Ein bisschen Chemie und Physik

149. Bestattungspraktiken in einem breiten Spektrum von Kulturen

150. Die Bevölkerungsdichte, die eine Apotheke braucht, um rentabel zu sein

151. Die Bevölkerungsdichte, die eine U-Bahn braucht, um rentabel zu sein

152. Wie sich die Gestaltung des eigenen Stadtraums auf die Transportwege von Frischwaren auswirkt

153. Lewis Mumford und Patrick Geddes

154. Capability Brown, André Le Nôtre, Frederick Law Olmsted, Musō Soseki, Ji Cheng und Roberto Burle Marx

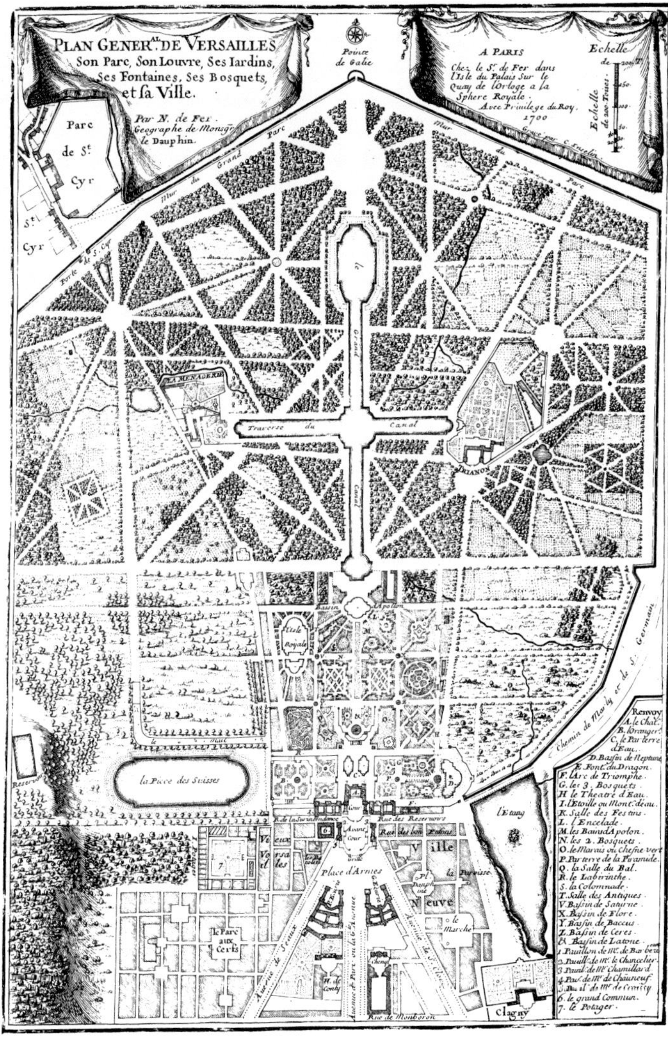
PLAN GENER.AL DE VERSAILLES
Son Parc, Son Louvre, Ses Iardins, Ses Fontaines, Ses Bosquets, et sa Ville.
Par N. de Fer. Geographe de Monseig.r le Dauphin.
Pointe de Galie
A PARIS
Chez le S.r de Fer dans l'Isle du Palais Sur le Quay de l'Orloge a la Sphere Royale.
Avec Privilege du Roy.
1700
Echelle
Echelle de 200 Toises
Parc de S.t Cyr
S.t Cyr
Mur du Grand Parc
Porte de S. Cyr
la Menagerie
Traverse du Canal
le Grand Canal
Trianon
Bassin d'Apollon
Isle Royale
le Mail
la Piece des Suisses
Reservoirs
l'Etang
Chemin de Marly et de S.t Germain
Cour
Avant Cour
Place d'Armes
Vieux Versailles
Ville Neuve
la Paroisse
le Marche
le Parc aux Cerfs
Avenue de Seaux
Avenue de Paris
Avenue de S. Cloud
Rue de Monboron
Clagny
Renvoy
A. le Chat.
B. l'Oranger.
C. le Parterre d'Eau.
D. Bassin de Neptune
E. Font. du Dragon.
F. l'Arc de Triomphe.
G. les 3. Bosquets.
H le Theatre d'Eau.
I. l'Etoille ou Mont. d'eau.
K. Salle des Festins.
L. l'Encelade.
M. les Bains d'Apolon.
N. les 2. Bosquets.
O. le Marais ou Chesne vert
P. Parterre de la Piramide.
Q. la Salle du Bal.
R. le Labirinthe.
S. la Colomnade.
T. Salle des Antiques.
V. Bassin de Saturne.
X. Bassin de Flore.
Y. Bassin de Baccus.
Z. Bassin de Ceres.
& Bassin de Latone.
1 Pavillon de M.r de Barbezieux
2 Pavill. de M.r le Chancelier.
3 Pavil. de M.r Chamillard
4 Pav. de M.r de Châuneuf.
5 Pavil. de M.r de Croissy
6. le grand Commun.
7. le Potager.

147. **Eine Vorstellung von „zu weit weg“**

148. **Eine Vorstellung von „zu nah dran“**

139. Den Wert des menschlichen Lebens

140. Wer zahlt

141. Wer profitiert

142. Den Venturi-Effekt

143. Wie Menschen pinkeln

144. Was man selbst für Geld
nicht tun sollte

145. Das Kleingedruckte in einem Vertrag

146. Ein bisschen was über Schiffbau

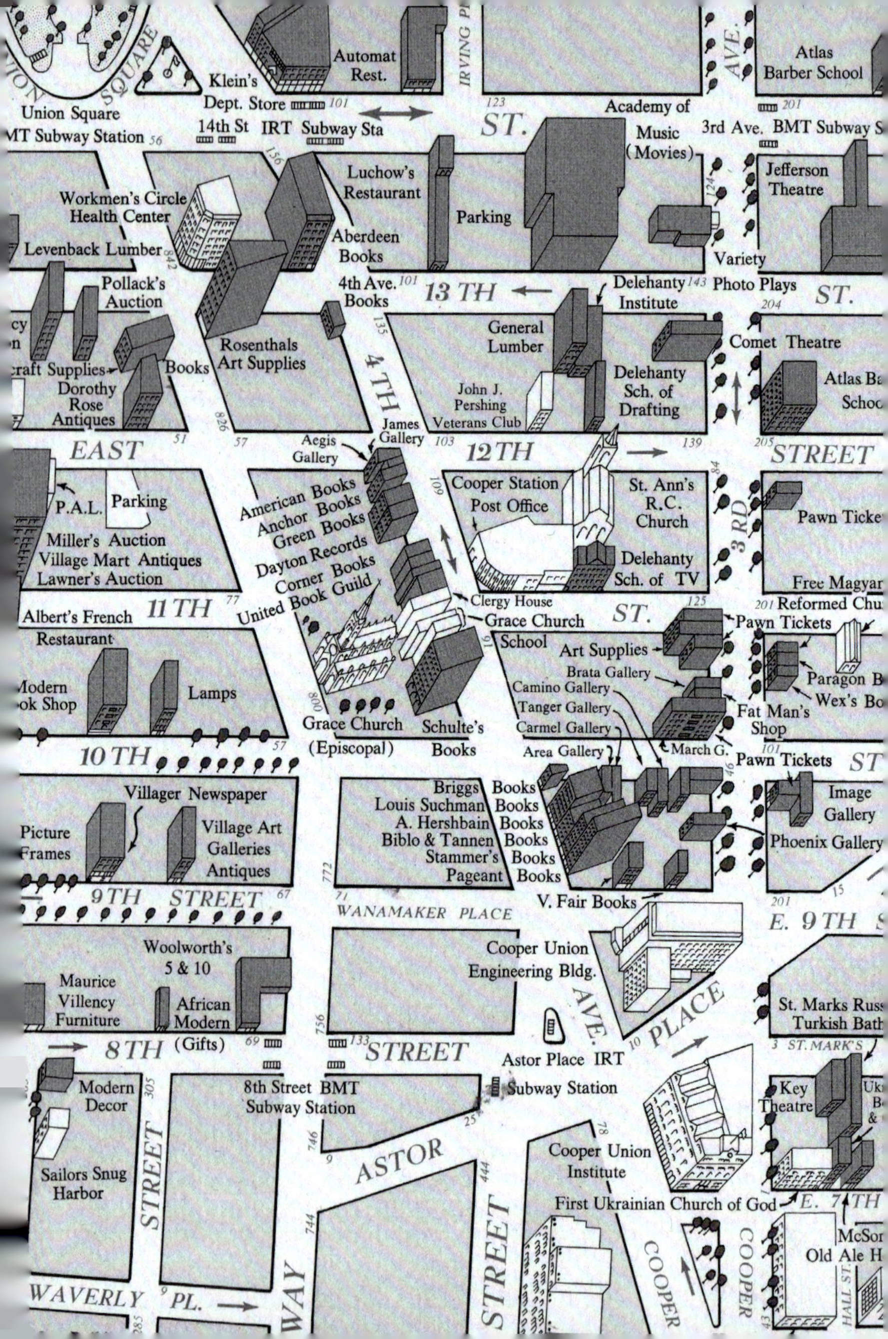
Union Square
BMT Subway Station
Klein's Dept. Store
14th St IRT Subway Sta
Automat Rest.
IRVING PL
ST.
Academy of Music (Movies)
3rd Ave. BMT Subway S
Atlas Barber School
AVE.
Jefferson Theatre
Workmen's Circle Health Center
Levenback Lumber
Luchow's Restaurant
Parking
Aberdeen Books
Variety Photo Plays
Pollack's Auction
4th Ave. Books
13 TH
Delehanty Institute
ST.
Rosenthals Art Supplies
General Lumber
Comet Theatre
Books
Dorothy Rose Antiques
4 TH
John J. Pershing Veterans Club
Delehanty Sch. of Drafting
Atlas Ba Schoo
EAST
Aegis Gallery
James Gallery
12TH
STREET
P.A.L.
Parking
American Books
Anchor Books
Green Books
Dayton Records
Corner Books
United Book Guild
Cooper Station Post Office
St. Ann's R.C. Church
3 RD
Pawn Ticke
Miller's Auction
Village Mart Antiques
Lawner's Auction
Delehanty Sch. of TV
Free Magyar Reformed Chu
11 TH
Albert's French Restaurant
Clergy House
Grace Church School
ST.
Pawn Tickets
Art Supplies
Brata Gallery
Camino Gallery
Tanger Gallery
Carmel Gallery
Area Gallery
Paragon B
Wex's Bo
Modern Book Shop
Lamps
Grace Church (Episcopal)
Schulte's Books
Fat Man's Shop
March G.
10 TH
Pawn Tickets
Villager Newspaper
Picture Frames
Village Art Galleries Antiques
Briggs Books
Louis Suchman Books
A. Hershbain Books
Biblo & Tannen Books
Stammer's Books
Pageant Books
Image Gallery
Phoenix Gallery
9TH STREET
WANAMAKER PLACE
V. Fair Books
E. 9TH
Woolworth's 5 & 10
Maurice Villency Furniture
African Modern (Gifts)
Cooper Union Engineering Bldg.
AVE.
PLACE
St. Marks Russ Turkish Bath
8TH STREET
Astor Place IRT Subway Station
ST. MARK'S
Modern Decor
8th Street BMT Subway Station
Key Theatre
Sailors Snug Harbor
STREET
ASTOR
Cooper Union Institute
First Ukrainian Church of God
E. 7TH
McSor Old Ale H
WAVERLY PL.
WAY
STREET
COOPER
COOPER
HALL ST.

133. Wie man sich in Prag zurechtfindet, in Fès, Shanghai, Johannesburg, Kyoto, Rio de Janeiro, Mexiko-Stadt, Solo, Benares, Bangkok, St. Petersburg und Isfahan

134. Wie man mit Praktikantinnen und Praktikanten anständig umgeht

135. Maya, Revit, CATIA, welche auch immer es sein mag

136. Die Geschichte großer Maschinen, einschließlich derer, die fliegen können

137. Wie ökologische Fußabdrücke berechnet werden

138. Drei gute, fußläufig erreichbare Mittagslokale

128. Guten Bordeaux

129. Gutes Bier

130. Wie man aus einem Labyrinth hinausfindet

131. QWERTZ

132. Angst

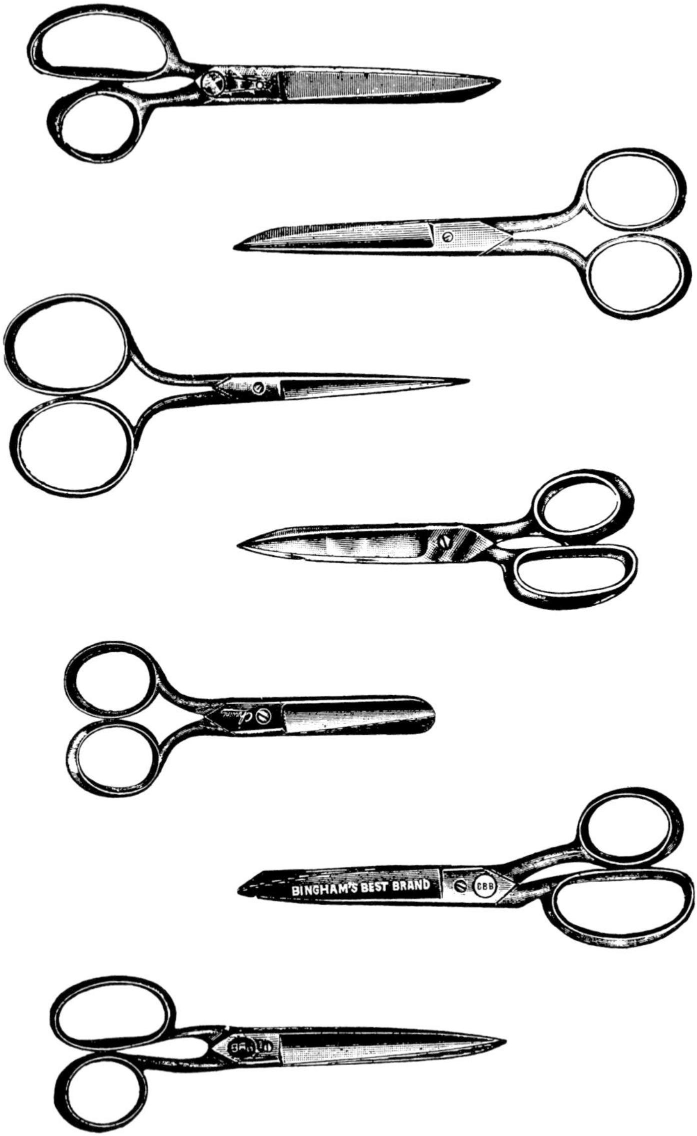
BINGHAM'S BEST BRAND
GBB

127. Schere, Stein, Papier

123. Die Romantiker, in der gesamten Kunst und Philosophie

124. Wie man genau zuhört

125. Dass es äußerst gefährlich ist, in nur einem einzigen Medium zu arbeiten. Die Blockade, in der man steckt, ohne sich dessen bewusst zu sein, löst sich, wenn man die Form der Darstellung ändert.

126. Die Idee des *Cadavre Exquis*

120. Die Normen zum baulichen Brandschutz

121. Die Normen für erdbebensicheres Bauen

122. Die Verordnungen zum Gesundheitsschutz

118. **Die Fähigkeit von Seidenkiefern, CO_2 zu speichern**

119. **Wo CO_2 sonst gebunden wird**

112. Die *Politik* des Aristoteles

113. Seine *Poetik*

114. Die Grundlagen des Lehmflechtwerks

115. Die Ursprünge des *Balloon Framing*

116. Die Geschwindigkeit, mit der Kupfer Patina ansetzt

117. Die Feinstaubbelastung in Tianjin

107. Eine Menge über die Gotik

108. Den Einfluss des Kolonialismus auf die Architektur nordafrikanischer Städte

109. Eine Abneigung gegen den Imperialismus

110. Die Geschichte Pekings

111. Die niederländische Wohnhausarchitektur des 17. Jahrhunderts

10
JEDERZEIT SICHERHEIT
DEUTSCHE BUNDESPOST BERLIN

20
JEDERZEIT SICHERHEIT
DEUTSCHE BUNDESPOST BERLIN

50
JEDERZEIT SICHERHEIT
DEUTSCHE BUNDESPOST

100
JEDERZEIT SICHERHEIT
DEUTSCHE BUNDESPOST BERLIN

106. Arbeitsschutz in Holzwerkstätten

101. Die Gründe für die Spaltung zwischen Architektur und Ingenieurwesen

102. Viele Vorstellungen darüber, was eine Utopie ausmacht

103. Die soziale und formale Organisation in den Dörfern der Dogon

104. Brutalismus, Bowellismus und Barock

105. Wie *Dérive* praktiziert wird

96. Wie man sich verirrt

97. Das Muster künstlichen Lichts bei Nacht, aus dem Weltall gesehen

98. Welche Unterschiede zwischen Menschen in der Praxis vertretbar sind

99. Etwas zu erschaffen ist ein geduldiges Suchen

100. Die Auseinandersetzung zwischen Otto Wagner und Camillo Sitte

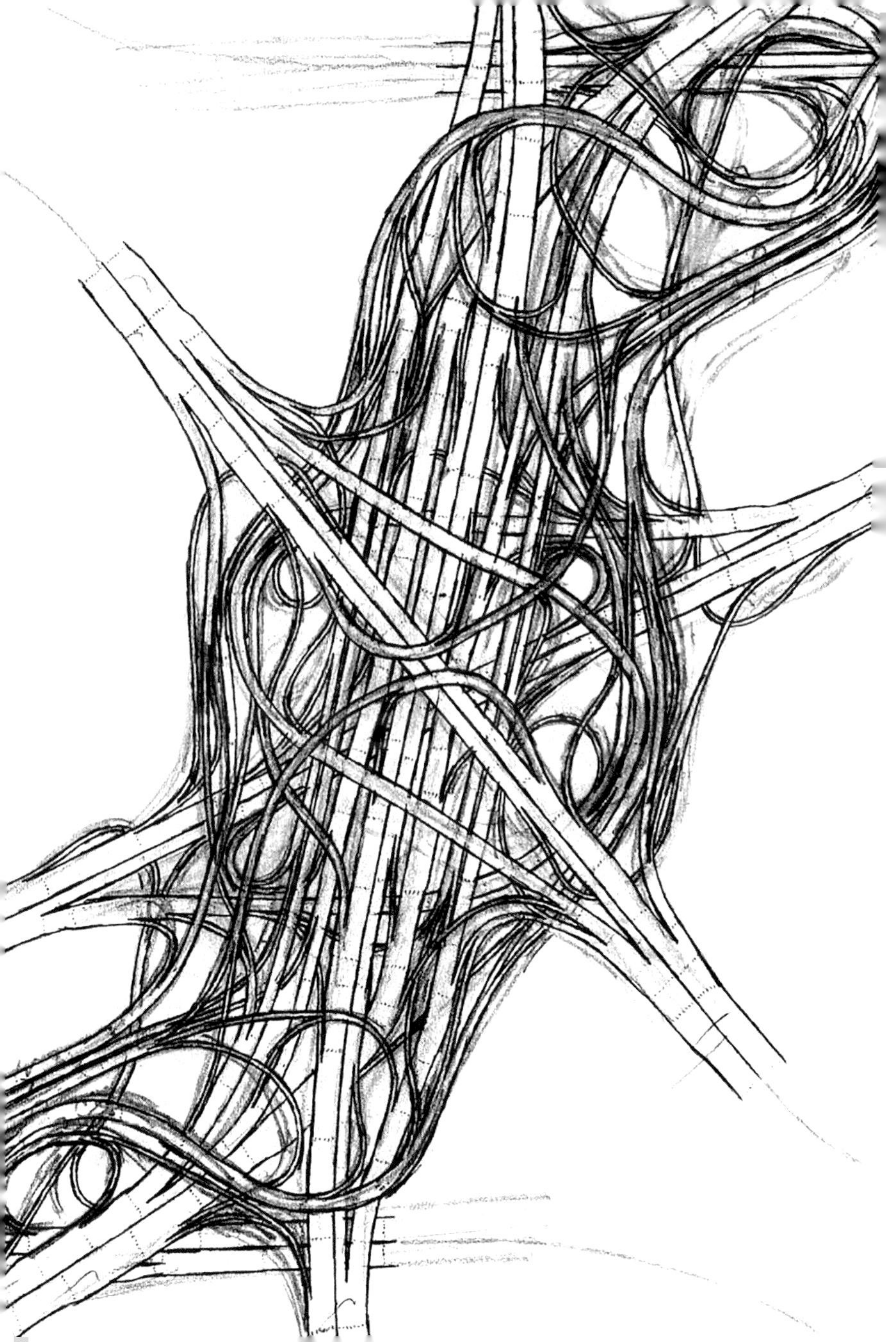

95. Wo Materialien herkommen

87. Wie man Fahrrad fährt

88. Die Tiefe des Grundwasserleiters

89. Die Steigung einer Rollstuhlrampe

90. Die Löhne von Bauarbeitern

91. Wie man von Hand perspektivisch zeichnet

92. Wie Satzbau funktioniert

93. Den Genuss eines Spritz bei Sonnenuntergang an einem Tisch am Canal Grande

94. Den Spaß an der Freude

81. Die Kreativität von Ökotonen

82. Weshalb wir Freaks brauchen

83. Dass es immer wieder zu Unfällen kommen wird

84. Mit dem Gestalten kann man überall beginnen

85. Den Geruch von Beton nach einem Regen

86. Den Winkel der Sonne während einer Tagundnachtgleiche

79. Die Bedeutungslosigkeit von Grenzen

80. Die Gründe für ihren Fortbestand

78. Die Beschaffenheit von Licht, das durch Eis fällt

77. Die Schrecken

76. Die Freuden von Vororten

74. Wie die Pyramiden gebaut wurden

75. Weshalb

73. Den Unterschied zwischen einem Ghetto und einem Kiez

67. Wie es sich anfühlt, die Ramblas entlangzugehen

68. Backup

69. Das richtige Mischungsverhältnis eines Gin Martini

70. Biegung und Querkraft

71. Shakespeare usw.

72. Den kürzesten Weg

59. Walter Benjamin

60. Marshall Berman

61. Das Geheimnis des Erfolgs von Robert Moses

62. Wie die Kuppel des Duomo von Florenz gebaut wurde

63. Die wechselseitigen Einflüsse der chinesischen und japanischen Architektur

64. Den Zyklus des Ise-Schreins

65. Die Entasis

66. Die Geschichte von Soweto

58. Vitruv

56. Wie man die Abmessungen eines Brisesoleil berechnet

57. Die Kilowattkosten von Photovoltaikzellen

48. Den Unterschied zwischen der Kathedrale von Winchester und einem Fahrradschuppen

49. Was in Fatehpur Sikri schieflief

50. Was in der Pruitt-Igoe-Siedlung schieflief

51. Was bei der Tacoma Narrows Bridge schieflief

52. Wo sich die Überwachungskameras befinden

53. Warum Mies Deutschland wirklich verließ

54. Wie die Menschen in Çatalhöyük lebten

55. Die Struktureigenschaften von Tuffstein

THIS TIME THE ANGULAR DISTORTION.

47. Was der Ziegelstein wirklich will

44. Die theoretischen Grundlagen der Moderne und eine ganze Menge über ihre Stilrichtungen und deren Ausprägungen

45. Was der Postfordismus für die architektonische Produktionsweise bedeutet

46. Eine Fremdsprache

हिन्दी वर्णमाला
अ अनार
आ आम
इ इमली
ई ईख
उ उल्लू
ऊ ऊन
ऋ ऋषि
ए एकतारा
ऐ ऐनक
ओ ओखली
औ
अं अंगूर
अः
क कबूतर
ख खरगोश
ग गमला
घ घड़ी
ङ
च चरखा
छ छतरी
ज जहाज
झ झण्डा
ञ
ट टमाटर
ठ ठठेरा
ड डमरू
ढ ढकना
ण
त
थ थन
द दवात
ध
न नल
प पतंग
फ फल
ब बकरी
भ भगवान
म मछली
य यज्ञ
र रस्सी
ल लट्टू
व
श शलजम
ष षटकोण
स
ह हवाई जहाज
क्ष क्षत्रिय
त्र त्रिशूल
ज्ञ ज्ञानी
B. S. Kaushal

43. Was der Planet sich leisten kann

39. Was der Kunde (oder die Kundin) will

40. Was der Kunde zu wollen glaubt

41. Was der Kunde braucht

42. Was der Kunde sich leisten kann

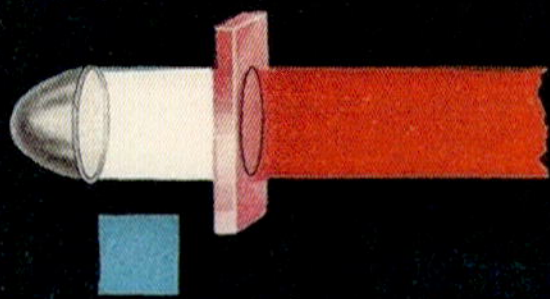
FIG. 1

FIG. 2

FIG. 3

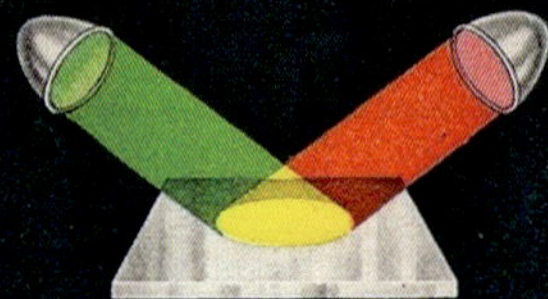
FIG. 4

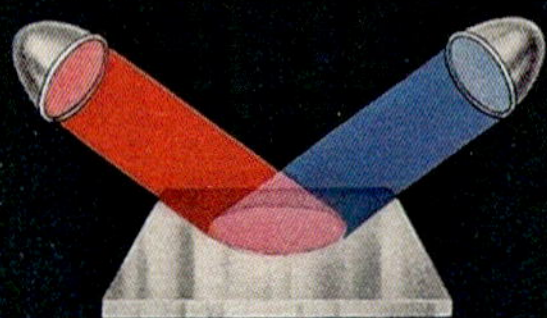
FIG. 5

FIG. 6

FIG. 7

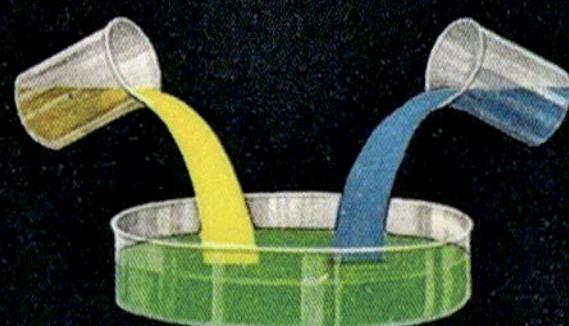
FIG. 8

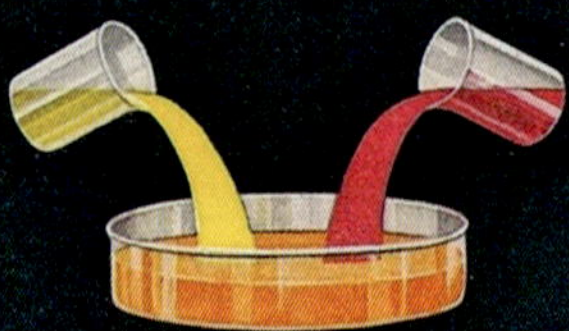
FIG. 9

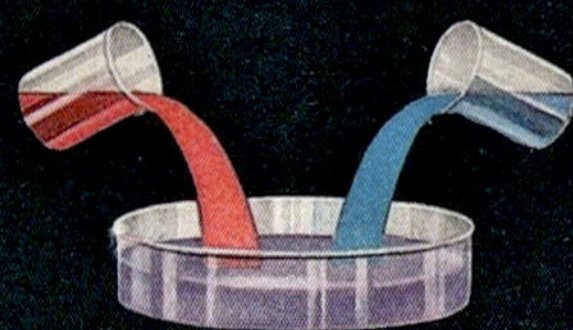
FIG. 10

38. Den Farbkreis

34. Jane Jacobs in- und auswendig

35. Etwas über Feng-Shui

36. Etwas über Vastu

37. Elementare Ergonomie

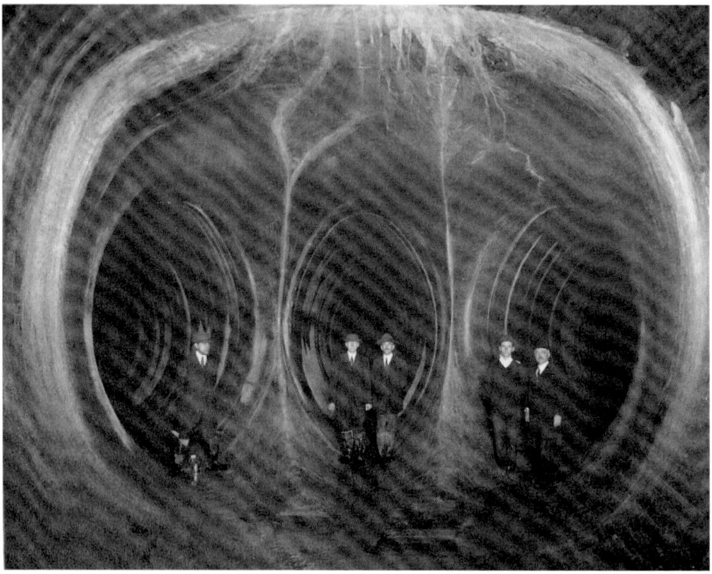

33. Hydrologie ist unser Schicksal

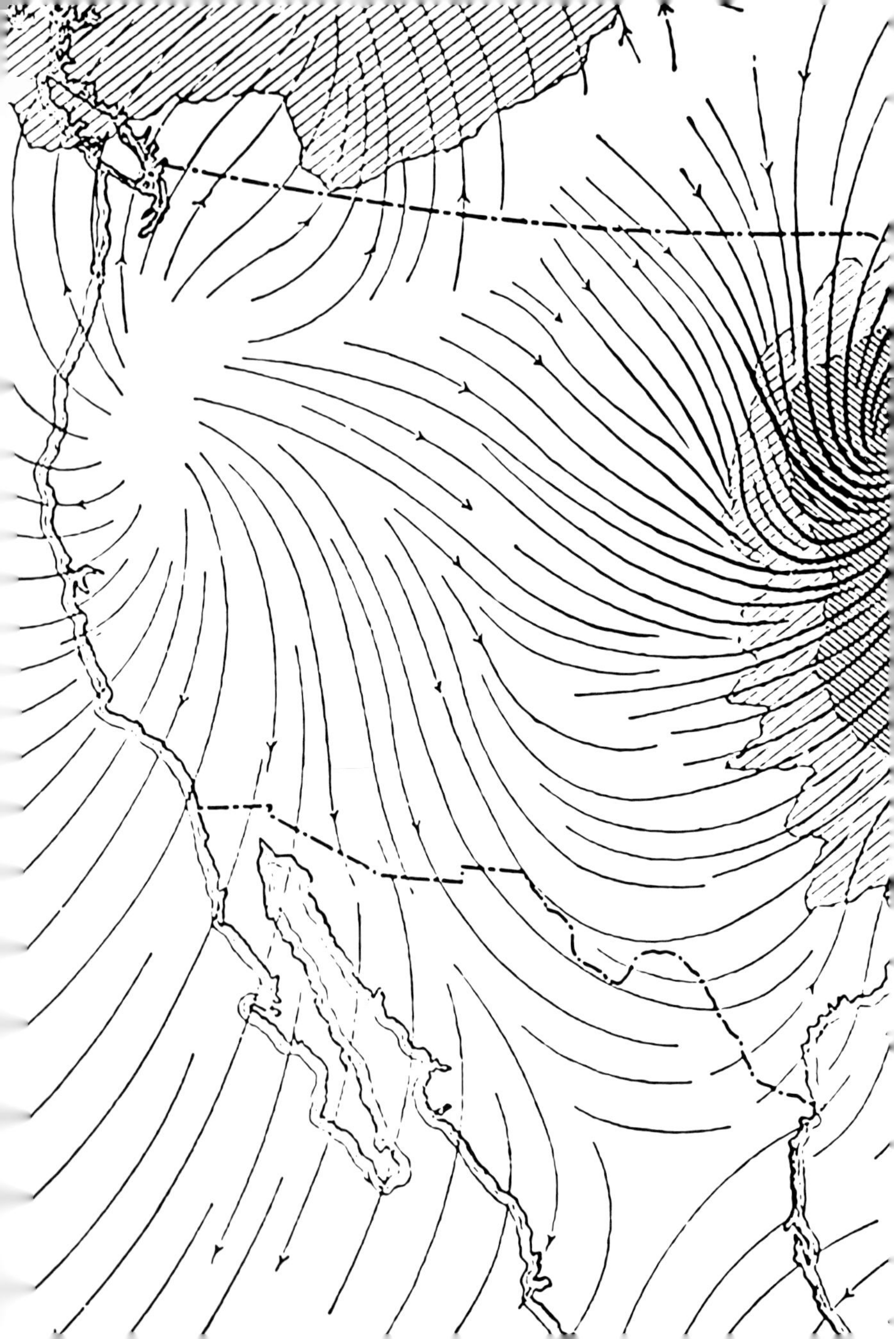

32. Die Richtung der vorherrschenden Winde

26. Wie Antoni Gaudí die Sagrada Família modelliert und ihre Statik berechnet hat

27. Das Proportionssystem der Villa Rotonda

28. Die Ausgasungsrate aus dem gewählten Teppichboden

29. Die relevanten Rechtssätze des Codex Hammurapi

30. Das Zugmuster von Singvögeln und das Wanderverhalten anderer Tiere

31. Die Grundlagen der Lehmbautechnik

Wie man

um eine Ecke biegt

eine Ecke gestaltet

in einer Ecke sitzt

23.

24.

25.

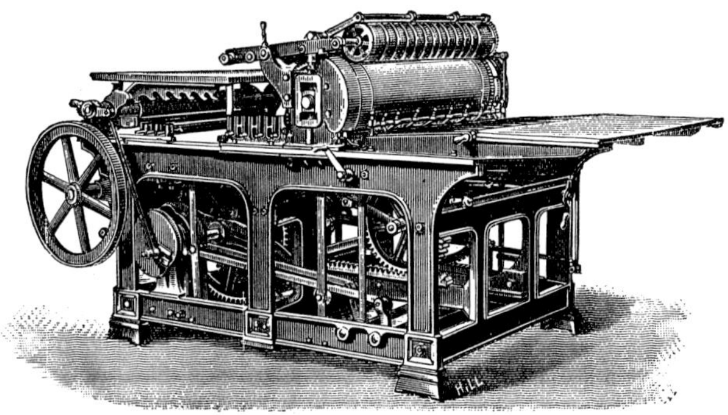

15. Was Victor Hugo wirklich meinte mit „Dieses wird jenes töten“

16. Die Anstiegsrate des Meeresspiegels

17. Die Bauwerksdatenmodellierung (BIM, kurz für Building Information Modeling)

18. Wie man einen Rapidograph reinigt

19. Den Gini-Koeffizienten

20. Welches Steigungsverhältnis von Treppen für ein sechsjähriges Kind bequem ist

21. Für einen Rollstuhl

22. Die graue Energie von Aluminium

14. Wie man Ziegelsteine vermauert

BENSON & RIXON COMPANY

11. **Die Dämmeigenschaften von Glas**

12. **Die Geschichte seiner Herstellung und Nutzung**

13. **Und die seiner Bedeutung**

10. Die Blütezeit von Azaleen

7. Alles Erdenkliche über den Tempel der Hatschepsut (ohne zu versuchen, ihn als modern *avant la lettre* anzusehen)

8. Wie viele Menschen in New York City Mietzuschüsse bekommen

9. Am eigenen Wohnort (einschließlich der Reichen)

6. Wie weit ein Flüstern

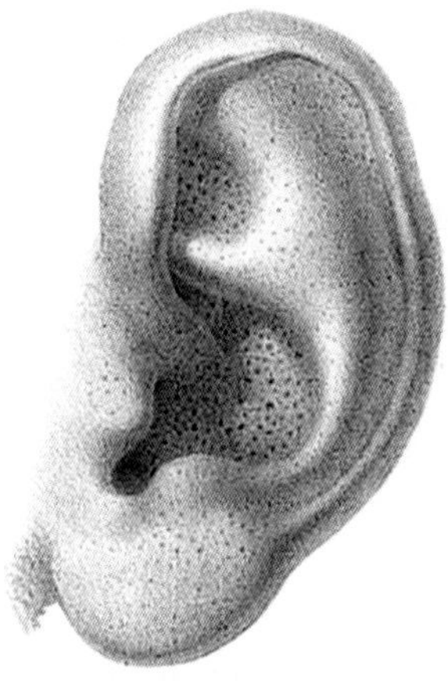

5. Wie weit ein Ruf durch die Stadt getragen wird

1. Das Gefühl von kühlem Marmor unter nackten Füßen

2. Wie man mit fünf Fremden sechs Monate lang in einem kleinen Raum zusammenlebt

3. Mit denselben Fremden eine Woche lang in einem Rettungsboot

4. Den Bruchmodul

1. Zwei

2. hundert

3. fünfzig

4. Dinge,

247. die

248. Architekt:innen

249. wissen

250. sollten

Michael Sorkin

Kunstmann

Aus dem Amerikanischen von
Michael Mundhenk

Editorische Anmerkung des Originalverlags:
Dieses Buch wurde im Herbst 2019 in Zusammenarbeit mit Michael Sorkin konzipiert. Anfang 2021 wurde es mit Beratung seiner Frau, Joan Copjec, fertiggestellt.

Anmerkung des Verlags:
Der Originaltitel dieses Buches lautet: „Two Hundred and Fifty Things an Architect Should Know". Das Wort „know" hat im Deutschen eine Reihe von Bedeutungen, und Michael Sorkin verwendet das Wort auch in seiner ganzen Bedeutungsvielfalt: Es gibt Dinge, die wir *wissen* sollten, während es bei anderen darum geht, sie zu *kennen*, zu *können*, zu *erkennen*, zu *verstehen* oder darüber *Bescheid zu wissen*. Um den Titel des Buches nicht ausufern zu lassen, haben wir uns für den Begriff „wissen" entschieden und bitten freundlich darum, bei der Lektüre den jeweils passenden Begriff im Kopf zu ergänzen.

1	2	3	4	5	6	7	8	9	10
11	12	13	14	15	16	17	18	19	20
21	22	23	24	25	26	27	28	29	30
31	32	33	34	35	36	37	38	39	40
41	42	43	44	45	46	47	48	49	50
51	52	53	54	55	56	57	58	59	60
61	62	63	64	65	66	67	68	69	70
71	72	73	74	75	76	77	78	79	80
81	82	83	84	85	86	87	88	89	90
91	92	93	94	95	96	97	98	99	100
101	102	103	104	105	106	107	108	109	110
111	112	113	114	115	116	117	118	119	120
121	122	123	124	125	126	127	128	129	130
131	132	133	134	135	136	137	138	139	140
141	142	143	144	145	146	147	148	149	150
151	152	153	154	155	156	157	158	159	160
161	162	163	164	165	166	167	168	169	170
171	172	173	174	175	176	177	178	179	180
181	182	183	184	185	186	187	188	189	190
191	192	193	194	195	196	197	198	199	200
201	202	203	204	205	206	207	208	209	210
211	212	213	214	215	216	217	218	219	220
221	222	223	224	225	226	227	228	229	230
231	232	233	234	235	236	237	238	239	240
241	242	243	244	245	246	247	248	249	250